BEI GRIN MACHT SICH IHR WISSEN BEZAHLT

- Wir veröffentlichen Ihre Hausarbeit,
  Bachelor- und Masterarbeit

- Ihr eigenes eBook und Buch -
  weltweit in allen wichtigen Shops

- Verdienen Sie an jedem Verkauf

Jetzt bei www.GRIN.com hochladen
und kostenlos publizieren

Bibliografische Information der Deutschen Nationalbibliothek:

Die Deutsche Bibliothek verzeichnet diese Publikation in der Deutschen National-
bibliografie; detaillierte bibliografische Daten sind im Internet über http://dnb.d-
nb.de/ abrufbar.

Impressum:

Copyright © 2015 GRIN Verlag, Open Publishing GmbH
Druck und Bindung: Books on Demand GmbH, Norderstedt Germany
ISBN: 9783668590335

Dieses Buch bei GRIN:

http://www.grin.com/de/e-book/383131/beweglichkeits-und-koordinationstraining-
bei-verspannungsschmerzen-im

Alina Malo

Beweglichkeits- und Koordinationstraining bei Verspannungsschmerzen im Hals- und Brustwirbelsäulenbereich. Erstellung eines Trainingsplans

GRIN Verlag

GRIN - Your knowledge has value

Der GRIN Verlag publiziert seit 1998 wissenschaftliche Arbeiten von Studenten, Hochschullehrern und anderen Akademikern als eBook und gedrucktes Buch. Die Verlagswebsite www.grin.com ist die ideale Plattform zur Veröffentlichung von Hausarbeiten, Abschlussarbeiten, wissenschaftlichen Aufsätzen, Dissertationen und Fachbüchern.

Besuchen Sie uns im Internet:

http://www.grin.com/

http://www.facebook.com/grincom

http://www.twitter.com/grin_com

Deutsche Hochschule für
Prävention und
Gesundheitsmanagement Saarbrücken

Einsendeaufgabe

Fachmodul:	Trainingslehre III
Studiengang:	Bachelor of Arts in Gesundheitsmanagement
Datum Präsenzphase:	05.-07.10.2015
Name, Vorname:	Malo, Alina
Studienort:	**München**
Semester:	**WS13**

Inhaltsverzeichnis

1 Einleitung

"Beweglichkeit und Koordination: Beide sind eng miteinander verzahnt: Nicht nur die Muskeln, sondern auch die Sehnen und Bänder, die Gelenkkapseln und die Gelenke selbst müssen Bewegungen mit großer Schwingungsbreite ausführen und unterstützen. Um ein Training wirklich im vollen Maße zu nutzen, müssen Trainierende sowohl beweglich sein als auch Ihre Gliedmaßen gut koordinieren: Gewandtheit, Geschicklichkeit, Präzision, Reaktionsfähigkeit, Gleichgewichts- und Rhythmusgefühl sind gefragt. (...) Die meisten Menschen kümmern sich, auch wenn sie sich häufig bewegen, viel zu wenig um diese zentralen Fähigkeiten, die man gut trainieren kann" (Müller-Wohlfahrt & Schmidtlein, 2007, S.26)

In Kapitel 1 werden die allgemeinen und gesundheitsrelevanten Daten der Testperson X tabellarisch dargestellt und bewertet.

Tab. 1.: Allgemeine Personendaten der Testperson X (eigene Darstellung)

Parameter	Daten
Alter	52
Geschlecht	weiblich
Körpergröße	160 cm
Körpergewicht	55kg
Trainingsmotive	- Vollständige Beweglichkeit im Schultergürtel - Ganzheitliche Koordinationsverbesserung - Schmerzfrei im Hals- und Nackenbereich
Berufliche Tätigkeit	Rezeptionsleiterin eines Hotels
Sportliche Tätigkeiten	- **früher (1970-1994):** 1. Hockey im Verein (Leistungsstufe: Leistungssport, Belastungsumfang: 4 x 60 Minuten pro Woche) 2. Leichtathletik (Leistungsstufe: fortgeschritten, Belastungsumfang: 2 x 60 Minuten pro Woche) - **aktuell**: keine
Zeitliche Verfügbarkeit pro Woche	drei Einheiten à 60 Minuten

Tab. 2.: Gesundheitsrelevante Daten der Testperson X (eigene Darstellung)

Parameter	Daten
Orthopädische Probleme:	Verspannungen in der HWS und BWS
Internistische Probleme:	Keine
Ärztliche Behandlungen:	2x pro Woche Massage beim Physiotherapeuten
Einnahme von Medikamenten:	Nein
Sonstige gesundheitliche Einschränkungen:	Nein

Die Testperson X befindet sich im Großen und Ganzen in einem gesundheitlich stabilen Zustand. Es liegen keinerlei internistische Probleme vor, die Testperson X muss daher keine Medikamente einnehmen. Allerdings klagt sie seit drei Jahren über Verspannungsschmerzen im Hals- und Brustwirbelsäulenbereich. Da sonst keine schwerwiegenden Krankheiten vorliegen, welche die Testperson X bei einem Beweglichkeits- oder Koordinationstraining einschränken könnten, ist die Testperson X voll belastbar und trainierbar. Diese Schmerzen sind mit hoher Wahrscheinlichkeit auf die mangelnde Bewegung in den letzten sechs Jahren zurückzuführen. Die Testperson X befindet sich außerdem in physiotherapeutischer Behandlung. Seit zwei Wochen besucht sie zweimal pro Woche eine Physiotherapie-Einrichtung, bei der sie Massagen und Fangopackungen in Anspruch nimmt. Allerdings wurde ihr von ihrem Physiotherapeuten empfohlen, zusätzlich ein regelmäßiges Beweglichkeitstraining und Koordinationstraining durchzuführen. Dieses würde nicht nur ihre Schmerzen lindern, sondern zu ihrer allgemeinen Fitness beitragen. Ihre Beweglichkeit würde sich verbessern und die Übungen würden weiteren Verspannungen und Beweglichkeitseinschränkungen vorbeugen. Aufgrund dieser Aussage des Physiotherapeuten ist die Testperson X voll belastbar und trainierbar.

2 Beweglichkeitstestung

Damit der in Kapitel 3 erstellte Trainingsplan individuell auf die Testperson X abgestimmt werden konnte, war ein Beweglichkeitstest nötig. Mit dem manuellen Muskelfunktionstest nach Janda (2000) können eventuelle Beweglichkeitsdefizite ausgewählter Muskelgruppen festgestellt werden. Getestet wurden folgende Muskelgruppen.

1. Brustmuskulatur *(M.pectoralis major)*
2. Hüftbeugemuskulatur *(speziell M.iliopsoas)*
3. Kniebeugemuskulatur *(Mm. Ischiocrurales)*

4. Kniestreckmuskulatur *(speziell M. rectus femoris)*

5. Wadenmuskulatur *(M.triceps surae)*

Die Tabelle Tab. 3 im unteren Abschnitt von diesem Kapitel zeigt die Auswertung des Beweglichkeitstests.

2.1 Testung Brustmuskulatur (M.pectoralis major)

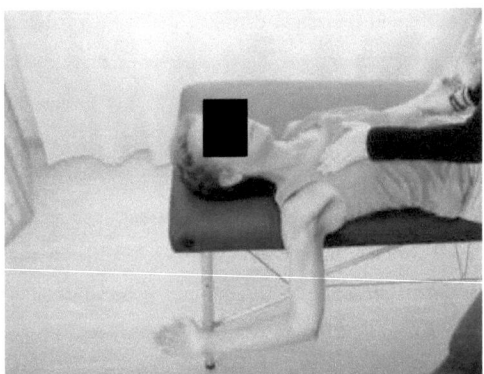

Abb.1.: Testung Brustmuskulatur rechts (eigene Aufnahme)

Tab. 3 : Testausführung und Testauswertung Brustmuskulatur

Testausführung (nach Janda, 2000, S.271):	Testauswertung (nach Janda, 2000, S.271):
Die Testperson X begibt sich in Rückenlage auf eine Behandlungsliege. Die Beine werden angewinkelt, sodass das Becken und die LWS auf der Ablage fixiert sind und eine Hyperlordose vermieden wird, da diese das Testergebnis manipulieren würde. Die Füße berühren die Auflagefläche. Der zu testende Arm führt im Schultergelenk eine Außenrotation und eine Abduktion aus. Außerdem wird das Ellbogengelenk in eine 90°-Beugung gebracht. Die Handflächen zeigen nach oben in Richtung Decke. Der Messbereich bei dieser Testübung ist die waagerechte Position des Humerus zur Horizontalen (vgl. Janda, 2000, S.270).	**Stufe 0:** Keine Beweglichkeitsdefizite; Oberarm erreicht die Horizontale; durch leichten Druck des Testers kann Oberarm unter die Horizontale bewegt werden.
	Stufe 1: Leichte Beweglichkeitsdefizite; Oberarm erreicht die Horizontale nicht; durch leichten Druck des Testers kann Oberarm bis zur Horizontale bewegt werden.
	Stufe 2: Deutliche Beweglichkeitsdefizite; Oberarm erreicht Horizontale auch durch Druck des Testers nicht.

2.2 Testung Hüftbeugemuskulatur

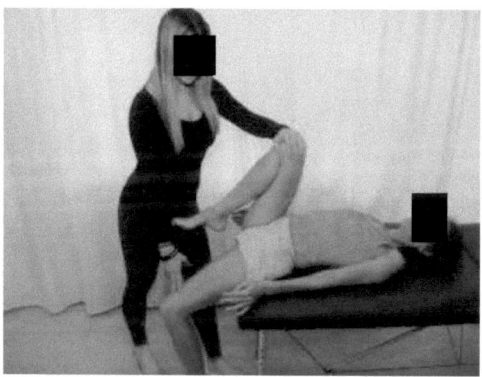

Abb. 2.: Testung der Hüftbeugemuskulatur links (eigene Aufnahme)

Tab. 4: Testausführung und Testauswertung Hüftbeugemuskulatur

Testausführung (nach Janda, 2000, S.259)	Testauswertung (nach Janda, 2000, S. 259):
Die Testperson X begibt sich in Rückenlage auf eine Behandlungsliege. Das Gesäß setzt am Rand der Liege an. Die Beine befinden sich im Überhang. Die Testperson X winkelt (mit Hilfe des Testers) ein Bein an und zieht das Knie maximal Richtung Brust heran. Das andere Bein bleibt im Überhang. Dabei ist zu beobachten, wie groß der Bewegungsausmaß der Hüftflexion des freien Beins ist. Als Messbereich gilt die Position des Oberschenkels im Verhältnis zur Körperlängsachse. Wie auf dem Bild zu erkennen, befindet sich die Testperson X in einer starken Hyperlordose in der Lendenwirbelsäule. Diese Ausführung sollte vermieden werden, da das Testergebnis somit nichtmehr aussagekräftig ist. Die Testperson X sollte mit dem Becken und der LWS auf der Liege fixiert bleiben. Hat der Tester eine Hand frei, kann er diese unter die LWS der Testperson X legen und sie Druck gegen die Hand des Testers ausüben lassen.	**Stufe 0:** Keine Beweglichkeitsdefizite; Oberschenkel erreicht Horizontale; durch leichten Druck des Testers kann Oberschenkel unter die Horizontale bewegt werden. **Stufe 1:** Leichte Beweglichkeitsdefizite; leichte Hüftbeugestellung; durch leichten Druck des Testers kann Oberschenkel bis zur Horizontale bewegt werden. **Stufe 2:** Deutliche Beweglichkeitsdefizite; Oberschenkel erreicht Horizontale auch durch Druck des Testers nicht.

2.3 Testung Kniestreckmuskulatur (speziell M. rectus femoris)

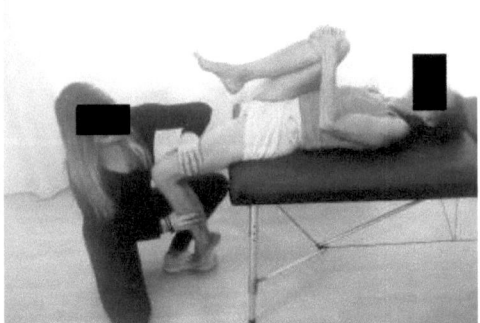

Abb. 3.: Testung der Kniestreckmuskulatur (eigene Aufnahme)

Tab. 5: Testausführung und Testauswertung Kniestreckmuskulatur

Testausführung (nach Janda, 2009, S.259)	Testauswertung (nach Janda, 2000, S. 259):
Die Testperson X begibt sich in Rückenlage auf die Behandlungsliege. Das Gesäß endet mit dem Rand der Liege. Die Beine befinden sich im Überhang. Die Testperson X winkelt ein Bein maximal bis zum Körper ab. Das Gegenbein wird im maximal möglichen Hüftextensionswinkel durch den Tester fixiert. Nun wird dieses Bein durch den Tester in einen maximal möglichen Kniebeugewinkel geführt. Als Messbereich gilt der Winkel zwischen Ober- und Unterschenkel (Kniebeugewinkel). Becken und LWS sollten wieder fixiert bleiben, da eine Hyperlordose das Testergebnis manipulieren würde. Durch den Zug am angewinkelten Bein bis zur maximale Hüftflexion werden Becken und LWS weitgehend stabilisiert. Die Beugung im Kniegelenk darf nicht durch die Auflagefläche bzw. Liege behindert werden.	**Stufe 0:** Keine Beweglichkeitsdefizite; Unterschenkel hängt senkrecht herab; durch leichten Druck des Testers ist es möglich, die Kniebeugung zu vergrößern. **Stufe 1:** Leichte Beweglichkeitsdefizite; Unterschenkel ist leicht nach vorne gestreckt; durch leichten Druck des Testers ist es möglich, einen 90 Grad Kniebeugewinkel zu erreichen. **Stufe 2:** Deutliche Beweglichkeitsdefizite; Unterschenkel ist deutlich nach vorne gestreckt; auch durch Druck des Testers wird 90Grad Kniebeugewinkel nicht erreicht.

2.4 Testung Kniebeugemuskulatur (Mm. ischiocrurales)

Abb. 4.: Testung der Kniebeugemuskulatur (eigene Aufnahme)

Tab. 6: Testausführung und Testauswertung Kniebeugemuskulatur

Testdurchführung (nach Janda, 2000, S. 261):	Testauswertung (nach Janda, 2000, S. 262):
Die Testperson X nimmt eine Rückenlage auf der Behandlungsliege ein. Das nicht getestete Bein ist in Hüft- und Kniegelenk gebeugt. Das zu testende Bein wird vom Tester bei gestreckten Kniegelenk in die maximal mögliche Hüftflexion geführt (die Patella bleibt bei der Fixierung frei!). Als Messbereich gilt der Winkel zwischen Beinachse und Longitudinalebene (Hüftbeugewinkel). Bei der Testausführung ist zu beachten: Ein Abheben des Beckens oder der Hyperlordose sollte hier vermieden werden. Das Knie sollte komplett durchgestreckt bleiben. Jegliche Flexion des Kniegelenks würde auch hier wieder das Testergebnis manipulieren. Das Gegenbein muss außerdem die Ausgangsposition beibehalten.	**Stufe 0:** Keine Beweglichkeitsdefizite; die Flexion im Hüftgelenk ist im Ausmaß von 90Grad möglich. **Stufe 1:** Leichte Beweglichkeitsdefizite; die Flexion im Hüftgelenk ist bis zwischen 80-und 90Grad möglich. **Stufe 2:** Deutliche Beweglichkeitsdefizite; die Flexion im Hüftgelenk ist nur unter 80Grad möglich.

2.5 Testung Wadenmuskulatur (Mm. triceps surae)

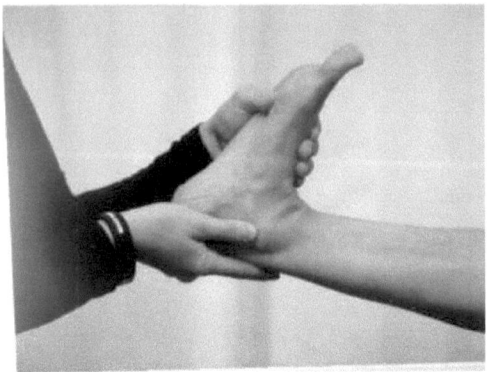

Abb. 5.: Testung der Wadenmuskulatur (eigene Aufnahme)

Tab. 7: Testausführung und Testauswertung Wadenmuskulatur

Testausführung (nach Janda, 2000, S. 255):	Testauswertung (nach Janda, 2000, S. 255):
Die Testperson begibt sich in Rückenlage. Das nicht zu testende Bein steht angewinkelt mit dem Fuß auf der Unterlage. Das zu testende Bein ist gestreckt. Mit einer Hand greift der Tester das Bein distal am Fersenbein. Die andere Hand ergreift den Fuß von der Fußaußenkante. Der Tester übt einen Hauptzug an der Ferse aus und zieht distalwärts. Der Daumen der anderen Hand lenkt den Vorfuß mit leichtem achsengerechten Druck zum Schienbein hin (maximale Dorsalextension). Wenn der M.soleus isoliert getestet werden soll, wird nach dem Erreichen der maximalen Dorsalextension das Kniegelenk gebeugt und der Tester versucht das Bewegungsausmaß zu vergrößern. Dabei ist zu beachten, dass der Druck mit dem Daumen am äußeren Fußende erfolgen sollte.	Stufe 0: Keine Beweglichkeitsdefizite; eine Dorsalextension ist mindestens bis zur 0Grad-Stellung möglich (90Grad zwischen Fuß und Unterschenkel). Stufe 1: Leichte Beweglichkeitsdefizite; die 0Grad-Stellung wird nicht erreicht; eine Dorsalextension ist aber möglich. Stufe 2: Deutliche Beweglichkeitsdefizite; eine Dorsalextension ist nur bis 10Grad unterhalb der 0Grad-Stellung möglich.

Tab. 8: Auswertung des Beweglichkeitstest für Testperson X (eigene Darstellung)

Muskelgruppe	Testergebnis links	Testergebnis rechts	Anmerkungen
1. Brustmuskulatur	1	0	Ellbogen erreicht nur durch Druck des Testers die Horizontale
2. Hüftbeugemuskula-tur	0	0	-
3. Kniebeugemuskula-tur	0	1	Hüftbeugewinkel bei 80Grad
4. Kniestreckmuskula-tur	0	0	-
5. Wadenmuskulatur	0	0	-

Bewertung der Ergebnisse:

In der pektoralen linken Muskulatur war ein leichtes Beweglichkeitsdefizit zu erkennen, da der Ellbogen nur die Horizontale erreichen konnte und nicht darüber hinaus ging. Durch leichten Druck des Testers konnte der Arm unter die Horizontale gebracht werden. Die rechte Seite hingegen blieb uneingeschränkt und somit auf Stufe 0, da der Arm der Testperson X ohne Hilfe des Testers unter die Horizontale gekommen ist.

Die Hüftbeugemuskulatur ist sowohl in der rechten als auch in der linken Seite uneinge-schränkt beweglich und wurde daher mit Stufe 0 bewertet. Auf beiden Seiten ist bei rich-tiger Ausführung keine Hyperlordose oder Hüftbeugestellung entstanden und der Ober-schenkel konnte bis zur Horizontalen bewegt werden. Es war kein Druck des Testers nö-tig.

In der linken Kniebeugemuskulatur war kein Beweglichkeitsdefizit festzustellen, da die Testperson X einen Hüftbeugewinkel von über 90 Grad ohne großen Druck des Testers erreichen konnte und keine Hyperlordose während der Ausführung entstand. Das Knie blieb durchgehend gestreckt. Auf der rechten Seite der Kniebeugemuskulatur wurde ein leichtes Beweglichkeitsdefizit festgestellt und daher mir Stufe 1 bewertet. Die Flexion im Hüftgelenk war nur bis 80Grad möglich.

In der Kniestreckmuskulatur wurden auf beiden Seiten keine Defizite beobachtet und mit Stufe 0 bewertet, da der Unterschenkel senkrecht herab hing und die Knieflexion durch leichten Druck des Testers weit vergrößert werden konnte. Die Fersen der Testperson X erreichten sogar die Unterseite der Liege.

Auch in der Wadenmuskulatur waren keine Einschränkungen zu erkennen. Eine Dorsalextension war auf beiden Seiten über eine 0-Grad-Stellung hinaus möglich. Daher wurde die Wadenmuskulatur ebenso mit Stufe 0 bewertet.

Es liegt also eine Beweglichkeitseinschränkung in der linken Brustmuskulatur und in der rechten Kniebeugemuskulatur vor. Aufgrund dessen wurde der Schwerpunkt des Beweglichkeitstraining auf die Brustmuskulatur (M.pectoralis major) und die ischiocrurale Muskulatur (M.biceps femoris, M.semimembranosus, M.semitendinosus) gelegt.

3   Trainingsplanung Beweglichkeitstraining

3.1 Trainingsplanung

Tab. 9: Trainingsplan für die Beweglichkeit für Testperson X (eigene Darstellung)

Beweglichkeitstrainingsplan für Testperson X				
Trainingshäufigkeit pro Woche: 3 Einheiten				
Gesamtdauer: 25 Minuten				
Zielmuskulatur	Dehn-me-thode	Benötigte Hilfsmittel	Ausführung	Belastungsgefüge
1. Großer Brustmuskel (M.pectoralis major)	Aktiv-statisch	keine	Die Testperson X steht hüftbreit mit den Füßen auf dem Boden. Die Knie sind leicht gebeugt. Der Rumpf ist nach oben aufgerichtet. Der Kopf zieht gerade nach oben. Der Blick geht geradeaus. Die Schultergelenke üben eine Abduktion aus, soweit bis die Ellbogen auf Schulterhöhe stehen. Die Handgelenke supinieren, sodass die Daumen nach hinten zeigen. Die Ellbogengelenke werden leicht angewinkelt. In dieser Position werden die Arme soweit nach hinten geführt und die antagonistische Muskulatur - Trapezmuskulatur (M.trapezius) angespannt, bis eine Dehnung in der Brustmuskulatur zu spüren ist.	Sätze: 2 Dehndauer: 45s Satzpausen: 20s Intensität: submaximal (festgelegt durch subjektives Belastungsempfinden)

			Diese Übung wird 45s statisch gehalten.	
2. Großer Brustmuskel *(M.pectoralis major)*	Passiv-statisch	Person	Die Testperson X setzt sich auf eine Trainingsbank, Stuhl, Gymnastikball o.Ä., sodass die Kniegelenke in einem 90Grad Winkel stehen. Die Füße stehen senkrecht auf dem Boden und die Fußspitzen zeigen gerade nach vorne. Die Testperson richtet den Rumpf nach oben auf, der Kopf zieht gerade nach oben. Die Schultergelenke üben eine Abduktion aus, bis die Ellbogen auf Schulterhöhe stehen. Die Handgelenke supinieren, sodass die Daumen nach hinten zeigen. Die Ellbogengelenke werden leicht angewinkelt. In dieser Position zieht der Hilfesteller oder Trainer die Arme soweit nach hinten, bis eine maximale Dehnung in der Brustmuskulatur zu spüren ist. Die maximale Dehnung muss nach subjektivem Belastungsempfinden festgelegt werden. Der Hilfesteller hält die Arme in maximaler Dehnung 45s fest.	**Sätze:** 2 **Dehndauer:** 45s **Satzpausen:** 20s **Intensität:** submaximal (festgelegt durch subjektives Belastungsempfinden)
3. Großer und kleiner Brustmuskel *(M.pectoralis major et minor)*	Passiv-dynamisch	Keine	In der Ausgangsposition begibt sich die Testperson X in den Vierfüßlerstand. Die Hände liegen auf einer Matte auf und sind gerade unter den Schultern aufgestellt. Der Kopf schiebt gerade nach vorne. Die Schultern schieben in Richtung Gesäß. Der Bauch ist angespannt und die LWS befindet sich in einer natürlichen Lordose. Das Hüftgelenk steht im 90Grad-Winkel, während die Knie gerade unter dem Hüftgelenk angewinkelt auf der Matte stehen. Die Zehenspitzen sind aufgestellt, sodass die Fersenkanten nach	**Sätze:** 2 **Dehndauer:** 45s **Satzpausen:** 20s **Intensität:** submaximal (festgelegt durch subjektives Belastungsempfinden)

			oben zeigen. Aus dieser Position wird das Gesäß nach hinten geschoben. Dabei bleiben die Ellbogengelenke. Die Brust wird Richtung Boden gedrückt. Die Brust wird so weit nach unten gedrückt bis der Dehnreiz zu spüren ist. Die Endposition wird hier nur zwei Sekunden gehalten. Danach erfolgt eine kurze Entspannung der antagonistischen Trapezmuskulatur. Anspannung und Entspannung 15mal wiederholen. Die Anspannung dauert drei Sekunden, die Entspannung ebenso drei Sekunden.	
4. Dreiköpfiger Armmuskel *(M.triceps brachii)*	Passiv-statisch	Keine	Die Testperson X steht hüftbreit und aufrecht dar. Die Zehenspitzen zeigen nach vorne. Die Knie sind durchgestreckt. Das Becken steht gerade. Die Schultern ziehen tief in Richtung Gesäß. Der Kopf zieht gerade nach oben. Das rechte Schultergelenk übt eine Elevation aus, soweit bis sich der Ellbogen auf Höhe des Ohrs befindet. Nun wird das Ellbogengelenk angewinkelt, bis die Fingerspitzen die HWS berühren. In dieser Position wird die linke Hand auf den rechten Ellbogen gelegt und drückt solange auf diesen, bis die maximale Dehnung im rechten dreiköpfigen Armmuskel entsteht. Diese Übung wird statisch 45s gehalten. Danach wird die gleiche Übung für den linken dreiköpfigen Armmuskel durchgeführt. Während der Dehnung ist der antagonistische Muskel - der Armbeuger *(M. biceps brachii)* angespannt.	**Sätze: 2** **Dehndauer (Anspannung / Entspannung):** 3s/3s **Gesamtdauer:** 60s **Satzpausen:** 20s **Intensität:** submaximal (festgelegt durch subjektives Belastungsempfinden)
5. Nackenmuskulatur *(M. rectus*	Passiv-statisch	Keine	Die Testperson X steht hüftbreit und aufrecht dar. Die Zehenspitzen zeigen nach vorne. Die Knie sind	**Sätze: 2** **Dehndauer:** 45s **Satzpausen:** 20s

			durchgestreckt. Das Becken steht	**Intensität**: sub-
capitis posterior major et minor)			gerade. Die Schultern ziehen tief in Richtung Gesäß. Die Halswirbelsäule wird nach vorne gebeugt, sodass der Blick in Richtung Boden geht. Die Handflächen werden auf den Hinterkopf gelegt und drücken sanft den Kopf nach unten. Das Kinn nähert sich den Enden der Claviculae, soweit bis eine maximale Dehnung in der Nackenmuskulatur entsteht. Nach 45 Sekunden maximaler Dehnung folgt eine 20-sekündige Pause.	maximal (festgelegt durch subjektives Belastungsempfinden)
6.Rückenmuskulatur (M.tapezius, M.latissimus dorsi, M.teres major et minor, M. infraspinatus, M. erector spinae)	Aktiv-statisch	Keine	Die Testperson X begibt sich in den Vierfüßlerstand. Aus dieser Stellung rutscht die mit den Händen so weit, bis eine Linie von ihrem Becken, über den Rücken, den Kopf, die Arme bis zu den Händen entsteht. Ober- und Unterschenkel bilden einen 90Grad-Winkel, die Stirn ruht am Boden. Die Schultern werden dann ganz bewusst zum Boden sinken. Die Dehnposition bei gleichmäßiger Atmung ca. 30 Sekunden halten (Moriabadi, 2014, S.13).	**Sätze**: 2 **Dehndauer**: 30s **Satzpausen**: 20s **Intensität**: sub-maximal (festgelegt durch subjektives Belastungsempfinden)
7.Seitliche Bauchmuskulatur (M.obliquus externus et internus abdomis)	Aktiv-statisch	Keine	Die Testperson X legt sich in Rückenlage auf eine Matte. Hinterkopf ist auf der Matte abgelegt. Die Arme werden ausgestreckt neben den Kopf gelegt. Die Handflächen zeigen nach oben in Richtung Decke. Aus dieser Position bewegt die Testperson X zuerst den Oberkörper, anschließend entlang des Bodens in eine Halbmondstellung. Der Körper leigt flach am Boden, die Testperson X atmet tief in Bauch und Brustkorb. Die Dehnposition	**Sätze**: 2 **Dehndauer**: 30s **Satzpausen**: 30s **Intensität**: sub-maximal (festgelegt durch subjektives Belastungsempfinden)

			bei gleichmäßiger Atmung ca. 30 Sekunden halten(Moriabadi, 2014, S.15). Anschließend die Übung auf der anderen Seite wiederholen.	
8. Hüftmuskulatur und vordere Oberschenkelmuskulatur (M.iliacus, M-psoas, M.quadrizeps)	Aktiv-statisch	Keine	Die Testperson X nimmt die Bankstellung ein und setzt den rechten Fuß nach vorn zwischen die Hände. Das vordere Knie befindet sich senkrecht über dem vorderen Fußgelenk. Die Fingerspitzen berühren den Boden, der Rücken ist gerade. Das Becken wird in Richtung Boden gesunken und zieht gleichzeitig die rechte Hüfte leicht nach hinten. Das hintere lange Bein strebt nach hinten, vom Körper weg. Nach 30-sekündigem Halten wird die Seite gewechselt (Moriabadi, 2014, S.13).	**Sätze:** 2 **Dehndauer:** 30s **Satzpausen:** 30s **Intensität:** sub-maximal (festgelegt durch subjektives Belastungsempfinden)
9. Ischiocrurale Muskulatur (M.biceps femoris, M.semimembranosus, M.semitendinosus)	Passiv-Dynamisch	Seil	Die Testperson X liegt in Rückenlage auf einer Matte. Um ihren rechten Fuß wird ein Seil mit einer Schlaufe gelegt. An diesem Seil zieht die Testperson X den Fuß in die Senkrechte, so weit bis Spannung in der hinteren Oberschenkelmuskulatur ankommt. Das Knie sollte ausgestreckt bleiben. Das andere Bein bleibt gerade auf der Matte liegen. Nach 3 Sekunden wird das gedehnte Bein bis kurz über den Boden gebracht. Im dynamischen Wechsel soll das rechte Hüftgelenk gebeugt und gestreckt werden. Nach 15 Wiederholungen wird die Übung mit dem anderen Bein wiederholt.	**Sätze:** 2 pro Bein **Dehndauer:** 45s **Satzpause:** keine **Intensität:** sub-maximal (festgelegt durch subjektives Belastungsempfinden)
10. Ischiocrurale Muskulatur (M.biceps femoris,	Passiv-Statisch	Keine	Die Testperson X sitzt mit geradem Rücken auf einer Matte. Die Beine sind nach vorne ausgestreckt und liegen auf der Matte auf. Die Zehenspitzen zeigen nach oben. Aus	**Sätze:** 2 **Dehndauer:** 45s **Satzpause:** 20s **Intensität:** sub-maximal

			dieser Position wird das Hüftge- lenkt gebeugt, sodass der Oberkör- per in Richtung Beine bewegt wird. Die Hüftflexion kann soweit gehen, bis eine submaximale Spannung in der hinteren Oberschenkelmuskula- tur entsteht. Diese Übung wird 45 Sekunden gehalten.	(festgelegt durch subjektives Belas- tungsempfinden)
M.semimembrano- sus, M.semitendi- nosus)				
10. Ischiocrurale **Muskulatur** (M.biceps femoris, M.semimembrano- sus, M.semitendi- nosus, M.glutaeus maximus)	Aktiv- Dyna- misch	Keine	Die Testperson X steht schulterbreit aufrecht auf einer festen Unterlage. Sie rollt die Wirbelsäule Wirbel für Wirbel nach unten ein. Die Arme hängen tief in Richtung Boden. Die Handflächen nähern sich der Unter- lage, bis eine submaximale Deh- nung in der Gesäßmuskulatur und hinteren Oberschenkelmuskulatur entsteht. Diese Position wird 3 Se- kunden gehalten, dann rollt sich der untere Wirbelbereich um 2 Wirbel auf und wieder ein. Dadurch ent- steht ein leichtes Wippen. Nach 45 Sekunden rollt sich die Testperson X wieder Wirbel für Wirbel nach oben auf und legt eine 20-sekün- dige Pause ein.	**Sätze:** 2 **Dehndauer:** 45s **Satzpause:** 20s **Intensität:** sub- maximal (festgelegt durch subjektives Belas- tungsempfinden)

3.2 Begründung des Beweglichkeitstraining

Das Beweglichkeitsprogramm wurde individuell an die Ziele der Kundin angepasst. So wurde eine Trainingshäufigkeit von drei Einheiten pro Woche empfohlen, die jeweils mit einer submaximalen Intensität durchgeführt wird. Diese Intensitätsstufe wurde gewählt, um die maximale Dehnintensität zu erreichen ohne die Schmerzgrenze zu übertreten. So wird der höchste Effekt des Trainings gewährleistet. Auch die einzelne Dehndauer wird auf 45 Sekunden festgelegt um eine Verbesserung der Beweglichkeit zu erreichen. Bei einer dynamischen Dehnung bedeutet das, dass innerhalb dieser 45 Sekunden so viele Wiederholungen wie möglich gemacht werden. Dabei sollten bis zu 15 Wiederholungen erreicht werden (Schönthaler, 2002).

4 Trainingsplanung Koordinationstraining

4.1 Einbeinstand

Tab. 10: Übungsdurchführung Einbeinstand (eigene Darstellung)

Übungsdurchführung:	Die Testperson X nimmt einen Einbeinstand auf einem festen Untergrund ein. Dabei winkelt sie das Knie nach vorne an. (Eifler, 2015)

4.2 Verlagerung des Körperschwerpunkts

Tab. 11: Übungsdurchführung der Verlagerung des Körperschwerpunktes (eigene Darstellung)

Übungsdurchführung:	Die Testperson X nimmt eine Schrittstellung auf einem festen Untergrund ein. Die stabile Körperhaltung und Standposition ist die Grundlage dieser Übung. Nun wird der Körperschwerpunkt in alle Richtungen verlagert und nach jeder Verlagerung wieder ins Lot gebracht. (Eifler, 2015)

4.3 Verlagerung des Körperschwerpunktes im Einbeinstand

Tab. 12: Übungsdurchführung Verlagerung des Körperschwerpunktes im Einbeinstand (eigene Darstellung)

Übungsdurchführung:	Die Testperson X nimmt einen Einbeinstand auf einem festen Untergrund ein. Dabei winkelt sie das Knie nach vorne an. Nun verlagert sie den Körperschwerpunkt in verschiedene Richtungen und bringt ihn nach jeder Verlagerung wieder ins Lot. (Eifler, 2015)

4.4 Einbeinstand auf einem Wackelbrett

Tab. 13: Übungsdurchführung Einbeinstand auf einem Wackelbrett (eigene Darstellung)

Übungsdurchführung:	Die Testperson X nimmt einen Einbeinstand auf einem Wackelbrett ein. Dabei winkelt sie das Knie nach vorne an.

4.5 Verlagerung des Körperschwerpunktes auf einem Wackelbrett

Tab. 14: Übungsdurchführung Verlagerung des Körperschwerpunktes auf einem Wackelbrett (eigene Darstellung)

Übungsdurchführung:	Die Testperson X nimmt eine Schrittstellung auf einem Wackelbrett ein. Die stabile Körperhaltung und Standposition ist die Grundlage dieser Übung. Nun wird der Körperschwerpunkt in alle Richtungen verlagert und nach jeder Verlagerung wieder ins Lot gebracht.

4.6 Verlagerung des Körperschwerpunktes im Einbeistand auf dem Wackelbrett

Tab. 15: Übungsdurchführung Verlagerung des Körperschwerpunktes im Einbeinstand auf dem Wackelbrett (eigene Darstellung)

Übungsdurchführung:	Die Testperson X nimmt einen Einbeinstand auf einem Wackelbrett ein. Dabei winkelt sie das Knie nach vorne an. Nun verlagert sie ihren Körperschwerpunkt in verschiedene Richtungen und bringt ihn nach jeder Verlagerung wieder ins Lot.

4.7 Rotationsstabilität im Vierfüßlerstand

Tab. 16: Übungsdurchführung Rotationsstabilität im Vierfüßlerstand (eigene Darstellung)

Übungsdurchführung:	Die Testperson X nimmt den Vierfüßlerstand am Boden ein. Arme und Oberschenkel verlaufen senkrecht zum Boden. Das linke Bein und der rechte Arm werden angehoben und nähern sich diagonal an und entfernen sich im Wechsel wieder voneinander. Die Übung wird auf beiden Seiten ausgeführt (Eifler, 2015)

4.8 Liegestütz mit Knien auf einer Matte abgelegt

Tab. 17: Übungsdurchführung Liegestütz (eigene Darstellung)

Übungsdurchführung:	Die Testperson X stützt sich mit beiden Händen auf dem Boden ab. Die Knie liegen angewinkelt auf einer Matte. Die Füße sind überkreuz auf einander gelegt. Die Schultern ziehen tief in Richtung Gesäß. Die Hände sind etwas breiter als schulterbreit voneinander entfernt. In der Ausgangsposition sind die Ellbogengelenke gestreckt. Der gesamte Rumpf ist angespannt. Der Kopf zieh nach vorne. Der Blick ist auf den Boden gerichtet. Die Ellbogengelenke werden soweit angewinkelt, bis die Brust 1 cm über dem Boden ist. Aus dieser Position drückt sich die Testperson wieder nach oben.

4.9 Liegestütz auf der Bosu-Unterseite

Tab. 18: Übungsdurchführung Liegestütz auf der Bosu-Unterseite (eigene Darstellung)

Übungsdurchführung:	Die Testperson X stützt sich mit beiden Händen an die Ränder des Bosus. Die Beine werden nach hinten ausgestreckt. Die Füße werden auf den Boden aufgestellt. Der Bauch ist fest angespannt, um die LWS zu stabilisieren. Der gesamte Rumpf ist in einer Linie. Die Ellbogen werden soweit gebeugt bis sich die Brust 1 cm über dem Bosu-Ball befindet. Die Ellbogengelenke werden wieder gestreckt (Eifler, 2015)

4.10 Liegestütz am TRX-Band

Tab. 19: Übungsdurchführung Liegestütz (eigene Darstellung)

Übungsdurchführung:	Die Testperson X greift die TRX-Bänder, sodass die Handflächen nach oben zeigen. Die Testperson X begibt sich in die Schräge, sodass das TRX-Band auf Spannung ist. Die Ellbogengelenke sind in der Anfangsposition aus gestreckt. Die Füße sind hüftbreit voneinander entfernt. Das Becken kippt leicht nach vorne, der Bauch ist angespannt. Die Hände werden auf Höhe der Schultern gebracht. Die Ellbogengelenke sind in der Ausgangsposition gestreckt. Die Schultern ziehen tief in Richtung Gesäß. Aus dieser Position werden die Ellbogengelenke gebeugt und der Körper nähert sich dem Boden. Die Endposition ist eine maximale Retroversion im Schultergelenk. Aus dieser Position drückt sich die Testperson X nach oben bis die Ellbogen wieder gestreckt sind.

4.11 Belastungsgefüge des Koordinationstrainings

Tab. 20: Belastungsgefüge (eigene Darstellung)

Trainingshäufigkeit pro Woche	3x pro Woche
Sätze pro Übung	1
Belastungsdauer	45s

Testperson X wird das Koordinationstraining 3-mal pro Woche durchführen. Die geplante Satzzahl pro Übung beträgt eins. Da die Testperson noch in die Kategorie Beginner eingestuft wird, wurde die Belastungsdauer auf 45 Sekunden runterreduziert. Das Training sollte sofort unterbrochen werden, wenn eine Ermüdung stattfindet (Eifler, 2015).

5 Literaturverzeichnis

Eifler, C. (2015). *Studienbrief Trainingslehre III - Gesundheitsorientiertes Beweglich-keits- und Koordinationstraining.* Saarbrücken: Deutsche Hochschule für Gesundheits-management und Prävention

Mueller-Wohlfahrt, H.-W. & Schmidtlein, O. (2007). *Besser trainieren! Den ganzen Kör-per und nicht nur Muskeln stärken* (1.Aufl.). München: Verlag Zabert Sandmann

Schönthaler, S. R. (2002). Biomechanische und neurophysiologische Veränderungen nach ein- und mehrfachen Beweglichkeitstraining. Köln.

Moriabadi, U. (2014). *Fit at home- Die besten Übungen für zu Hause.* (1.Aufl.). Mün-chen: Bruckmann

6 Abbildungs- und Tabellenverzeichnis

6.1 Abbildungsverzeichnis

6.2 Tabellenverzeichnis

BEI GRIN MACHT SICH IHR WISSEN BEZAHLT

- Wir veröffentlichen Ihre Hausarbeit,
  Bachelor- und Masterarbeit

- Ihr eigenes eBook und Buch -
  weltweit in allen wichtigen Shops

- Verdienen Sie an jedem Verkauf

Jetzt bei www.GRIN.com hochladen und kostenlos publizieren